Der 24. Weihnachtsmann

Alle Bände **Zu zweit leichter lesen lernen** auf einen Blick:

Maja von Vogel: Nele und die Flaschenfee (Band 1)

Marianne Schröder: Karo und die kleine Ziege (Band 2)

Christian Tielmann: Die Piraten vom Dach (Band 3)

Julia Boehme: Conni auf dem Reiterhof (Band 4)

Sabine Rahn: Lissi und der Zoo-Geburtstag (Band 5)

Sabine Streufert: Freistoß für Julia (Band 6)

Wolfram Hänel: Der 24. Weihnachtsmann (Band 7)

Zu zweit leichter lesen lernen

Der 24. Weihnachtsmann

Von Wolfram Hänel
Mit Bildern von Markus Grolik

Zu zweit leichter lesen lernen

Wie das funktioniert?

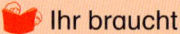 Ihr braucht:

- einen, der schon besser lesen kann
  (eine Mutter, einen Opa, eine große Schwester
  oder so was Ähnliches),
- einen Leseanfänger und
- dieses Buch hier.

Ihr legt das Buch zwischen euch … und los geht's!

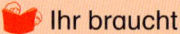 Der geübte Leser liest die längeren Texte auf der linken Seite, der Anfänger liest die kurzen Texte auf der rechten Seite.

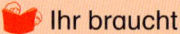 Die gepunktete Linie ··········▶ zeigt euch die Leserichtung. Quer durch das ganze Abenteuer.

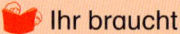 Und wenn ihr fertig seid, könnt ihr euch diese Weihnachtsgeschichte noch mal gegenseitig erzählen. Die Bilder vorne und hinten im Buch helfen euch dabei.

Jetzt viel Spaß beim Lesen zu zweit!

Inhalt

Erstes Kapitel,

in dem alles anfängt und Jan eine Idee hat

Angefangen hat eigentlich alles damit, dass Jan auf dem Heimweg von der Schule am Kaufhaus vorbeikam. So wie jeden Tag. Vorbei an der Feuerwehr, am Frisörladen, an der Fleischerei und dann am Kaufhaus. Aber diesmal war irgendetwas anders als sonst. Jan kapierte erst gar nicht, was es war. Und als er es dann kapierte, musste er noch mal umdrehen und wieder zurück zum Schaufenster vom Kaufhaus. Da stand er dann lange und drückte sich die Nase an der Scheibe platt. Bis er sich ganz sicher war, dass er nicht träumte.

Als er wieder zu Hause war, erzählte er alles seiner Mama.

Jans Mama lachte.

„Das glaube ich nicht."

„Aber es war so.
Da lag der Weihnachtsmann.
Und er hat geschlafen!"
„Das muss ich sehen!",
rief Jans Mama.

7

Natürlich wollten auch Anna und Flo mit. Anna ist Jans Schwester und Flo sein kleiner Bruder.

Als sie am Schaufenster ankamen, standen noch andere Leute davor.

„Das ist nur eine Puppe!", rief ein Mann lachend.

„Nein, er lebt", sagte seine Frau. „Guck doch mal, er atmet! Und jetzt hat er mit dem Bein gezuckt!"

Plötzlich fing Flo an zu weinen.

„Was hast du?", fragte Mama. „Du musst keine Angst haben! Das ist doch nur der Weihnachts-mann, der sich ein bisschen ausruht."

Aber Flo schluchzte nur noch lauter.

„Und wenn er verschläft? Dann sitzen wir Weih-nachten zu Hause und kriegen keine Geschenke!"

„Stimmt." Jan nickte. „Das wäre echt doof."

„Wir müssen ihn wecken", meinte Anna. „Sonst haben wir ein Problem."

Sie wollte gerade an die Scheibe klopfen, als hinter ihnen eine Stimme ertönte.

„Ho, ho, ho!",
sagte die Stimme.
Die Stimme war tief und rau.
Alle drehten sich um.
Und da
stand noch ein Weihnachtsmann!

„Keine Panik", sagte der zweite Weihnachtsmann.
„Es gibt mehr Weihnachtsmänner als nur einen."
„Was?", rief Flo entsetzt. „Das stimmt nicht!"
Der Weihnachtsmann lachte und stapfte durch den
Schnee davon.
Und er war kaum an der nächsten Ecke, als ein
dritter Weihnachtsmann auftauchte! Der zweite und
der dritte Weihnachtsmann begrüßten sich fröhlich.
Dann verschwanden sie im Frisörladen.
„Ich kapiere gar nichts mehr", sagte Anna.
„Ich auch nicht", sagte Jan.
Flo schniefte nur ein bisschen.
Mama beugte sich zu ihnen.
„Habt ihr denn ganz vergessen, wie es letztes Jahr
war? Vor Weihnachten sind doch immer ganz viele
Weihnachtsmänner in der Stadt!"
„Genau", sagte der Mann neben ihnen. „Aber die
sind natürlich nicht echt. Die sind nur verkleidet
und machen Werbung für irgendwas, versteht ihr?
Ich habe früher selber mal als Weihnachtsmann
gearbeitet. Das ist ganz schön anstrengend. Und
abends sind die Füße so kalt wie Eisblöcke."

„Klar", meinte Jan.
„Ganz klar", sagte Anna.
„Gar nicht klar!", rief Flo.
„Wer ist denn dann
der echte Weihnachtsmann?"

„Tja." Der Mann grinste. „Der jedenfalls nicht."
Er zeigte auf das Schaufenster. Der Weihnachtsmann hinter der Scheibe war gerade aufgewacht.
Als er merkte, dass er beobachtet wurde, rappelte
er sich schnell hoch. Dabei verrutschte sein langer
Bart, und alle konnten sehen, dass der Bart mit
einem Gummizug befestigt war.

Mit rotem Kopf verschwand er im Laden. Gleich
darauf kam er nach draußen. Über der Schulter trug
er einen Sack, der prall gefüllt war.

„Ho, ho, ho!", rief er laut. „Ich bin der Weihnachtsmann!"

Er stapfte auf Jan und Anna und Flo zu.

„Na, Kinder, wart ihr auch schön brav?"

„Wir haben zumindest nicht im Schaufenster
gelegen und geschlafen", sagte Jan.

„Und wir wissen, dass Sie gar nicht der echte
Weihnachtsmann sind", sagte Anna.

„Ihr Bart ist nämlich nur aus Watte", sagte Flo.

Der Weihnachtsmann
kratzte sich am Bart.
Der Gummi flutschte ihm
gegen die Nase.

Die Leute, die neben ihnen standen, fingen an zu lachen. Der Weihnachtsmann rieb sich die Nase. Die Leute lachten noch lauter. Der Weihnachtsmann runzelte die Augenbrauen.

„Böse Kinder kriegen nix", schimpfte er und stapfte davon.

„Das war wirklich nicht nett von euch", sagte Mama.

Jan überlegte einen Moment.

„Aber es ist auch nicht nett zu lügen."

„Genau", sagte Anna. „Es ist sogar ziemlich gemein zu behaupten, dass man der Weihnachtsmann ist, wenn es gar nicht stimmt!"

Mama holte tief Luft.

Im gleichen Moment rief Flo:

„Guckt mal da!"

Der Weihnachtsmann
verschwand gerade
im Frisörladen.

„Sehr merkwürdig", sagte Jan. „Da stimmt doch irgendwas nicht!"

Am liebsten wäre Jan jetzt in den Frisörladen gegangen, um nachzusehen, was da los war. Anna und Flo fanden auch, dass sie das machen sollten. Aber Mama lachte nur und sagte: „Ich glaube, wir machen jetzt gar nichts mehr, sondern gehen nach Hause. Ich habe nämlich Hunger!"

Es gab Spaghetti mit Mettklößchen. Spaghetti mit Mettklößchen sind das Lieblingsessen von Jan, Anna und Flo. Normalerweise essen sie jeder zwei Teller voll, und Jan hat sogar schon mal fast zweieinhalb Teller geschafft. Aber heute kauten sie nur lustlos darauf herum. Jeder grübelte vor sich hin. Und gleich nach dem Essen verschwanden die drei in ihrem Zimmer und setzten sich auf Jans Bett.

„Wir brauchen einen Plan",
sagte Jan.
„Es muss doch
einen ECHTEN Weihnachtsmann
geben."
Anna und Flo nickten.
„Und wir müssen ihn finden!"

17

Zweites Kapitel,

in dem Jan träumt und
sie dann alle zum Frisör gehen

Als Papa abends nach Hause kam, war der Plan fertig. Jan, Anna und Flo erzählten, was sie vorhatten. Papa überlegte einen Moment, dann nickte er.

„Klingt einleuchtend", sagte er. „Aber ich fürchte, das wird eine Menge Arbeit."

„Ach was", meinte Jan. „Ich wette, dass wir in null Komma nichts rauskriegen, wer der echte Weihnachtsmann ist!"

„Wir haben ja auch schon angefangen", sagte Flo.

„Genau", erklärte Anna. „Der aus dem Schaufenster ist es schon mal nicht."

„Und morgen überprüfen wir den Frisörladen", redete Jan weiter. „Irgendwas stimmt da nämlich nicht. Vielleicht ist das ja so was wie eine Schule für Weihnachtsmänner, und der richtige Weihnachtsmann ist der Lehrer, der den anderen beibringen soll, was sie machen müssen."

An diesem Abend
konnten sie lange nicht einschlafen.
Sie mussten die ganze Zeit
an ihren Plan denken.

Jan knipste die Taschenlampe an und zog den Zettel unter seinem Kopfkissen hervor, auf dem sie ihren Plan notiert hatten.

„Lies laut", flüsterte Anna. „Damit wir es alle noch mal hören."

„Erstens", las Jan, „im Frisörladen gucken, was da los ist. Zweitens, alle Weihnachtsmänner, die wir treffen, mit Fangfragen überführen. Drittens, wenn das nicht klappt, einzelne Weihnachtsmänner verfolgen, bis wir den richtigen haben."

„Der Plan ist perfekt", sagte Anna.

„Perfekt", flüsterte Flo.

Jan schob den Zettel zurück unter sein Kopfkissen und machte die Lampe aus.

„Perfekt", dachte Jan.
Dann schlief er ein.

Jan träumte, dass er einen Weihnachtsmann
verfolgte. Der Weihnachtsmann galoppierte auf
einem Rentier, das einen Schlitten hinter sich
herzog. Auf dem Schlitten waren jede Menge
Kisten und Kartons gestapelt.
Plötzlich wackelte die oberste Kiste. Dann flog
der Deckel auf, und ein kleiner Weihnachtsmann
kletterte heraus. Jan erkannte den kleinen Kerl
sofort, obwohl er einen langen, weißen Bart hatte.
Es war Flo!
Flo zeigte auf den Weihnachtsmann.
„Der ist es auch nicht!", rief er. „Sein Rentier ist
in Wirklichkeit eine Kuh!"

„Ho, ho, ho!",
rief eine Stimme in der Nacht.
„MICH findet ihr NIE!"

23

Am nächsten Tag konnte es Jan kaum erwarten, dass der Unterricht vorbei war. In der letzten Stunde sollten sie ein Weihnachtsbild malen. Jan malte einen Schlitten mit Paketen drauf und einem Rentier davor, das ein bisschen aussah wie eine Kuh. Außerdem noch einen Weihnachtsmann, der gerade in einen Laden ging. Über der Tür stand groß FRISÖR.

Natürlich wollte die Lehrerin wissen, was der Weihnachtsmann beim Frisör macht.

„Keine Ahnung", murmelte Jan. „Aber das kriege ich schon noch raus."

Als Jan und Anna Flo vom Kindergarten abholten, sahen sie einen Weihnachtsmann, der einen Schlitten über die große Kreuzung zog.

„Los, hinterher!", sagte Anna.

Aber Jan schüttelte den Kopf.

„Der ist es nicht. Sonst würde er den Schlitten nicht selber ziehen, sondern hätte ein Rentier."

Sie gingen zusammen
zu dem Frisör.
Als Jan die Tür aufmachte,
ertönte eine helle Glocke.

„Guten Tag", sagte Jan höflich.

„Guten Tag", antwortete der Frisör genauso höflich.

„Dann setzt euch gleich mal hin."

Er klapperte mit seiner Schere.

„Bei wem soll ich anfangen?"

„Wir haben eigentlich nur eine Frage", sagte Jan.
Er spähte an dem Frisör vorbei in den Laden. Alle
Stühle waren leer. Nirgends war ein Weihnachts-
mann zu sehen.

„Wir kommen nämlich wegen der Weihnachtsmänner, die gestern hier waren", erklärte Jan. „Wir
wollten fragen, was die hier gemacht haben."

Der Frisör zeigte auf ein Schild, das über dem
großen Spiegel an der Wand hing.

„Könnt ihr lesen?"

„Tipptopp Haarschnitt mit Nassrasur", las Anna
laut vor. „Halber Preis für Weihnachtsmänner!"

„Das ist mein Sonderangebot zu Weihnachten",
erklärte der Frisör. „Das mache ich jedes Jahr, um
neue Kunden anzulocken."

Jan verdrehte die Augen.
„So ein Reinfall", dachte er.
Aber Flo gab noch nicht auf.

„War auch schon mal der echte Weihnachtsmann bei Ihnen?", fragte Flo.

Der Frisör lachte. „Nein, auf den warte ich noch. Das wäre die beste Werbung! Dann würde ich draußen ein Schild aufhängen:

FRISÖR VOM WEIHNACHTSMANN!"

Er guckte Jan, Anna und Flo an. „Also, wenn ihr wollt, schneide ich euch allen drei die Haare zum Preis von einem!"

„Nein danke", sagte Anna schnell und fasste sich an den Kopf. „Wir haben keine Zeit."

Der Frisör sah ein bisschen enttäuscht aus.

„Wenn wir den echten Weihnachtsmann treffen, schicken wir ihn hierher", versprach Flo.

Als sie wieder auf der Straße waren, grübelte Jan: „Und wenn der Frisör selbst der Weihnachtsmann war und nur so getan hat, als ob er Frisör wäre?"

„Du spinnst!", sagte Anna.

„Aber echt", sagte Flo. „Der Frisör hatte doch eine Glatze."

„Ich dachte ja nur", sagte Jan.

„Und was machen wir jetzt?", fragte Flo.

„Na, was wohl?",
fragte Jan.
„Wir gehen zum Weihnachtsmarkt!"

Auf dem Weihnachtsmarkt war nicht viel los. Aber an der Würstchenbude stand ein Weihnachtsmann und verteilte Bonbons. Er hatte eine Spielzeughupe um den Hals. Jedes Mal, wenn jemand vorbeikam, hupte er laut.

„Schöne Hupe", sagte Jan. „Haben Sie auch ein Auto dazu?"

Der Weihnachtsmann grinste. „Klar, einen Lieferwagen! Sonst könnte ich ja eure Geschenke nicht ausliefern."

„Natürlich." Jan nickte. „Auf Wiedersehen."

Er zog Flo und Anna ein Stück weiter, bevor er fragte: „Und, wie habe ich das gemacht?"

Flo und Anna guckten völlig ratlos.

„Leute!" Jan seufzte. „Das war eine Fangfrage! Und er ist voll darauf reingefallen! Oder habt ihr schon mal gehört, dass der Weihnachtsmann einen Lieferwagen hat? Der Weihnachtsmann hat einen Rentierschlitten, das weiß doch jeder!"

„Vielleicht auch nicht",
sagte Anna.
„Vielleicht ist er auch
mit einem Pony unterwegs."

Anna zeigte zur Kirche hinüber. Vor einem bunt geschmückten Weihnachtsbaum stand ein Weihnachtsmann, der ein dickes Pony am Halfter hielt. Er klapperte mit einer Blechdose. Manchmal kamen Leute vorbei und warfen ein Geldstück in die Dose.

„Wo hat er seine Geschenke?", fragte Flo.

Jan zuckte mit den Schultern.

„Ich glaube, er will, dass man ihm was schenkt."

„Komisch", wunderte sich Flo.

„Oder es ist ein Trick", überlegte Anna. „Vielleicht ist das der richtige Weihnachtsmann, und er will sehen, ob die Leute zu Weihnachten nett sind und ihm was geben."

32

Sie gingen näher heran.
Jan sah, dass der Bart
nicht aus Watte war.
Der Bart war echt!

Drittes Kapitel,

in dem sie mehr erfahren und Suppe kaufen

Flo zupfte den Weihnachtsmann am Ärmel.
„Entschuldigung", sagte er. „Sind Sie der echte
Weihnachtsmann?"
Der Weihnachtsmann strich sich über den Bart. Jan
fand, dass er traurig aussah. Und er zitterte vor
Kälte.
„Ach, das wäre schön", antwortete er leise. „Dann
könnte ich mir selber was schenken."
Er erzählte, dass er zu dem Zirkus gehörte, den es
schon seit vielen Jahren in der Stadt gab. Doch das
Gelände sollte nun verkauft werden. Wenn sie nicht
ganz schnell viel Geld sammeln konnten, musste
der Zirkus schließen. Am ersten Weihnachtstag
wollten sie eine Vorstellung geben, sagte der Weihnachtsmann.
„Wir hoffen nur, dass genug Leute kommen. Sonst
wissen wir nicht, wie es weitergehen soll."
„Wir kommen!", versprach Jan. „Und wir bringen
auch noch unsere Eltern mit!"

Dann kauften sie
dem Weihnachtsmann
von ihrem Taschengeld
einen Teller heiße Suppe.

Das Mittagessen hatte Papa gekocht. Es gab
Würstchen mit Kartoffelbrei und Möhren.
„Sind noch Möhren übrig?", fragte Anna.
„Ein halber Sack voll", sagte Papa verwundert.
Sie erzählten von dem Weihnachtsmann mit dem
Pony. Doch sie sagten nichts von der Vorstellung.
Sie hatten sich nämlich überlegt, dass der Zirkus-
besuch genau das richtige Geschenk für Mama und
Papa wäre. Als Überraschung! Wenn sie ihr ganzes
Taschengeld zusammenkratzten, würde es gerade so
für die Eintrittskarten reichen.
Aber vorher wollten sie dem Pony noch die Möhren
vorbeibringen! Damit es auch ein Geschenk zu
Weihnachten hatte.
„Übermorgen ist schon Heiligabend", sagte Papa.
„Wie weit seid ihr eigentlich mit eurem Plan?"

Sie sahen sich an.
Jan zuckte mit den Schultern.
„Schwieriger als gedacht",
sagte er.

„Wir haben bis jetzt sechs Weihnachtsmänner überprüft", stellte Jan am Nachmittag fest. „Und keiner war der richtige."

„Sieben", sagte Anna. „Wenn wir den mitzählen, der gerade bei Sommerfelds über den Balkon klettert."

„Was?", riefen Jan und Flo gleichzeitig und stürmten zum Fenster. Tatsächlich – da kletterte gerade ein Weihnachtsmann über das Geländer!

„Oh Mann", stöhnte Jan im nächsten Moment. „Eine Puppe! Ich bin fast drauf reingefallen."

„Oh Mann", stöhnte Flo. „Ich auch."

Anna kicherte. „Ich hab vorhin gesehen, wie Herr Sommerfeld sie festgebunden hat."

Mama kam zur Tür herein. Sie hatte vergessen, Klopapier zu besorgen.

Jetzt wollte sie, dass Jan und Anna und Flo noch mal losliefen.

„Wieso immer wir?", fragte Anna.

Aber Jan sprang schon auf.

„Wir müssen die Stadt absuchen und die Augen offen halten“, erklärte Jan, als sie auf dem Weg zum Supermarkt waren. „Das ist unsere einzige Chance, ihn zu finden!“

Und tatsächlich standen genau vor dem Supermarkt gleich drei Weihnachtsmänner nebeneinander!

Aber der eine hatte keinen Bart, der zweite eine spiegelnde Glatze, und der dritte nieste die ganze Zeit und hatte eine rot verquollene Schnupfennase.

„Echte Weihnachtsmänner haben keinen Schnupfen“, sagte Flo.

„Das läuft gar nicht gut“, meinte Anna. „Wenn es so weitergeht, finden wir den Richtigen nie!“

Sie gingen in den Supermarkt. Aus den Lautsprechern dudelte Weihnachtsmusik, unterbrochen von Werbedurchsagen.

40

„Nur noch zwei Tage
bis zum Fest!
Kaufen, kaufen, kaufen!"

Flo entdeckte Klopapier, auf das lauter kleine Weihnachtsmänner gedruckt waren. Sie stellten sich in die
lange Schlange an der Kasse. Jan stieß Anna mit dem
Ellbogen an. Genau vor ihnen stand wieder ein Weihnachtsmann. Er war ziemlich klein, aber auch ziemlich
dick.

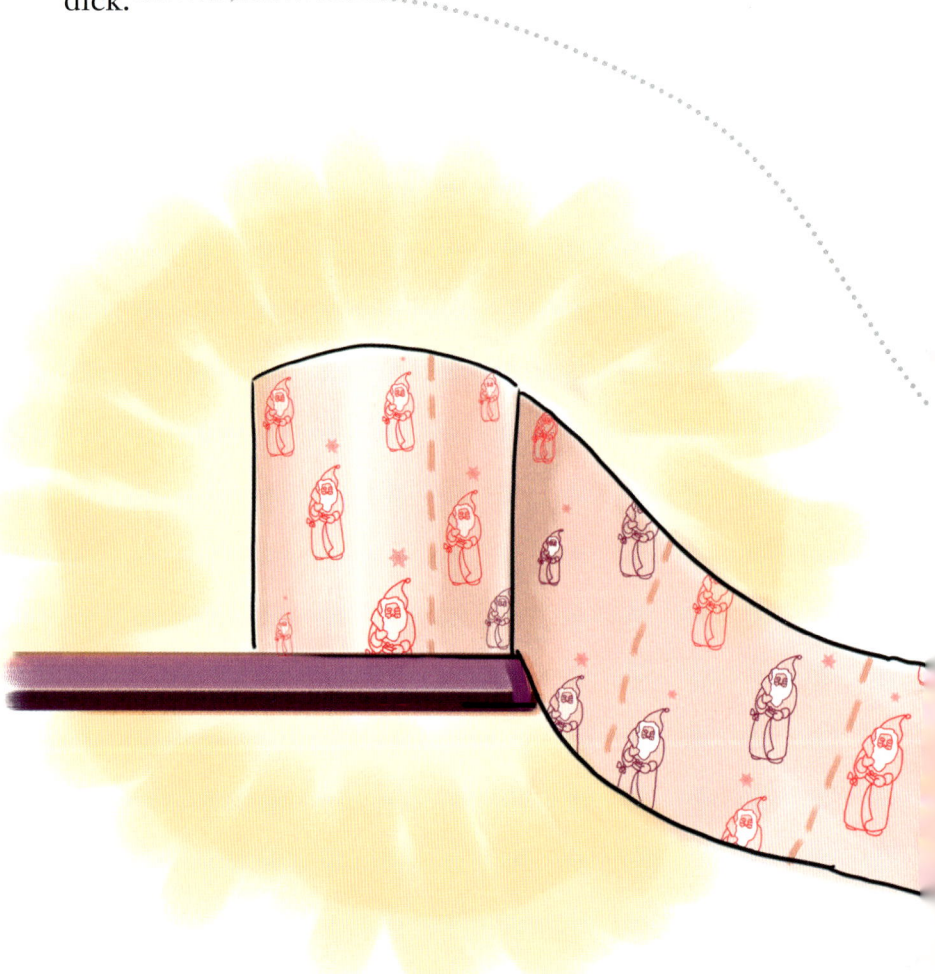

Er duftete nach Zimt.
Als er an der Reihe war,
bezahlte er für
ein großes Paket Lametta.

„Hinterher!", flüsterte Jan. Sie bezahlten und
rannten nach draußen.
Wie Superspione nahmen sie die Verfolgung auf.
Sie huschten von einem parkenden Auto zum
nächsten, drückten sich in Hauseingänge und
versteckten sich kurz hinter einer Litfaßsäule.
Einmal blieb der Weihnachtsmann vor einem
Schaufenster stehen. Jan, Anna und Flo hörten,
wie er leise ein Weihnachtslied sang.
Da kam ein neuer Weihnachtsmann vorbei.
Er trug ein Schild auf dem Rücken, auf dem stand:
HANDYS! SUPERBILLIG!
Der kleine dicke Weihnachtsmann schüttelte
den Kopf, als fände er es überhaupt nicht lustig,
dass der andere Reklame für Handys machte.
Er hörte auf zu singen und stapfte weiter.
„Der ist es, wetten?", rief Jan.
Sie waren schon ganz schön weit vom Supermarkt
entfernt, als der kleine dicke Weihnachtsmann
plötzlich verschwunden war.

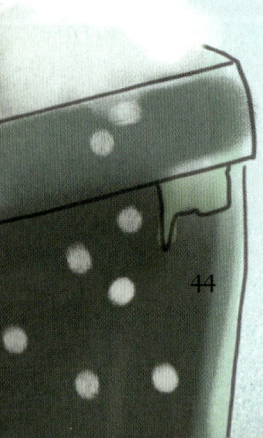

Er war einfach weg.
Als hätte er sich
in Luft aufgelöst.

45

Viertes Kapitel,

in dem Jan, Anna und Flo
die Weihnachtsfrau treffen

„Was ist das denn?", fragte Jan. „Eben war er doch noch da!"

Er blickte sich ratlos um.

Auf dem Fußweg war nur noch ein Mann, der einen Weihnachtsbaum schleppte. Hinter ihm kam eine Frau mit einem Kinderwagen. Das Baby hatte eine Weihnachtsmann-Mütze auf und weinte. Irgendwo weit weg heulte eine Polizeisirene.

„Ich glaube, der echte Weihnachtsmann kann sich unsichtbar machen", behauptete Flo. „Bestimmt sogar!"

Aber Anna
schüttelte den Kopf.
„Da ist er doch!"

Anna zeigte auf ein Café. Die Fensterscheibe war von der Kälte beschlagen, aber man konnte trotzdem die Leute an den Tischen erkennen. Vor allem die ganzen Weihnachtsmänner an dem Tisch direkt neben dem Fenster, die der kleine Dicke gerade begrüßte. Jan quetschte die Nase an die Scheibe.

„Fünf Weihnachtsmänner", zählte er, „und ..."

Weiter kam er nicht. Weil ihm gleich darauf vor Überraschung die Kinnlade runterklappte, als der kleine Dicke sich den Bart vom Gesicht zog und die Mütze abnahm.

„Das ist nicht wahr!", stammelte Anna.

„Das glaube ich nicht", sagte Flo.

Der kleine Dicke
war eine Frau!

Enttäuscht trotteten die drei nach Hause.

„Wieder nichts." Jan kickte in den Schnee.

„Vielleicht gibt es ihn gar nicht", überlegte Anna.
„Oder es gab ihn nur ganz früher mal. Und als er
dann die ganzen falschen Weihnachtsmänner
gesehen hat, hatte er keine Lust mehr und versteckt
sich jetzt irgendwo am Nordpol oder so."

„Das ist es!", rief Flo. „Er versteckt sich! Aber das mit
dem Nordpol glaube ich nicht. Da ist es viel zu kalt.
Ich glaube, er versteckt sich irgendwo, wo es richtig
gemütlich ist. Und genau da müssen wir suchen!"

Am nächsten Morgen wurde Jan wach, weil ihn
Flo aufgeregt am Arm rüttelte.

„Ich weiß jetzt, wo sich der Weihnachtsmann
versteckt!", rief er.

„Und wo?", murmelte Jan und gähnte.

„Im Schuppen",
sagte Flo.
„Da steht ein Liegestuhl.
Und ein alter Ofen."

Noch vor dem Frühstück rannten sie in den Garten. Es hatte die ganze Nacht über geschneit, und der Schnee lag wie ein weißer Teppich über dem Weg und der Wiese. Aber quer durch das Weiß führte eine Spur. Ganz deutlich konnten sie die Abdrücke von großen Stiefeln sehen. Da war jemand zu dem alten Schuppen gestapft! Und die Spuren waren noch ganz frisch.

„Alles klar",
sagte Flo.
„Jetzt haben wir ihn."

Als sie näher schlichen, wagten sie kaum noch zu atmen. Und dann hörten sie ein Geräusch aus dem Schuppen. Da war tatsächlich jemand und polterte und schimpfte laut!

„Das ist er", flüsterte Flo. „Und er kann gerade die Geschenke nicht finden, deshalb ist er sauer."

Jan versuchte, durch das kleine Fenster zu gucken. Aber die Scheibe war von Spinnweben verklebt. Jan konnte nur undeutlich einen Schatten sehen, der sich in dem Schuppen bewegte. Der Schatten war ziemlich groß. Und er hatte eine Mütze auf dem Kopf. Eine Weihnachtsmann-Mütze!

Jan hielt sich den Finger vor die Lippen und fasste nach der Klinke.

Ganz vorsichtig
machte er die Tür auf.
Die Tür knarrte laut.

„Huch!", schrie der Weihnachtsmann auf. „Habt ihr mich erschreckt!"

Der Schatten im Schuppen war gar nicht der Weihnachtsmann, sondern Herr Sommerfeld! Und die Mütze auf seinem Kopf war nur eine Pudelmütze!

„Ich suche die Schneeschaufel!", knurrte Herr Sommerfeld. „Das verflixte Ding muss doch hier irgendwo sein!"

„Und wir suchen den Weihnachtsmann", sagte Jan. „Schade eigentlich, dass Sie es nicht sind."

Herr Sommerfeld starrte Jan, Anna und Flo an, als würde er drei Gespenster sehen.

„Tschüss!", rief Jan. „Bis später!"

Sie rannten zurück zum Haus.

Anna seufzte. „Puh! Der Arme ist ja fast in Ohnmacht gefallen, als er uns gesehen hat!"

„Wir können ja heute Nachmittag
für ihn Schnee schippen",
schlug Jan vor.
„Als Entschuldigung."

Inzwischen war es so spät, dass sie sich beeilen mussten. Auf dem Weg zur Schule kamen Jan und Anna an einem parkenden Bus vorbei. Hinter der Windschutzscheibe stand ein kleiner Tannenbaum mit blinkenden Kerzen.

„Hä?", machte Jan und hielt Anna am Ärmel fest, als die Bustür aufging.

Ein Weihnachtsmann kam aus dem Bus. Und hinter ihm noch einer und dann der nächste und immer so weiter, bis die ganze Straße voll war. Bevor sie in alle Richtungen davonstiefelten, versuchten Jan und Anna noch schnell, die Weihnachtsmänner zu zählen.

„Zehn", sagte Jan.

„Elf", sagte Anna.

„Egal", meinte Jan. „Der richtige ist sowieso nicht dabei. Oder glaubst du, der echte Weihnachtsmann würde mit dem Bus kommen?"

„Auf gar keinen Fall", antwortete Anna. „Er hat doch auch kein Geld für eine Fahrkarte!"

Mit hängenden Köpfen gingen die beiden weiter.

In der Schule
drehte sich alles um Jan.
Jan hatte nämlich
den Sack Möhren dabei.
Für das Pony!

Jan erzählte den anderen von dem Zirkus. Und
natürlich wollten alle am ersten Weihnachtstag in
die Vorstellung kommen, sogar die Lehrerin!
Trotzdem war Jan ein bisschen traurig. Sie hatten
den echten Weihnachtsmann nicht gefunden.
Wahrscheinlich saß er wirklich am Nordpol und
hatte keine Lust mehr! Ob sie dieses Jahr überhaupt Geschenke bekommen würden?
Nach der Schule trugen Jan und Anna abwechselnd
den Sack mit den Möhren und guckten auch noch
mal kurz in den Frisörladen.
„War er inzwischen da?", fragte Jan. „Der echte
Weihnachtsmann, meine ich."
„Nein. Ich glaube fast, der echte Weihnachtsmann
geht nicht zum Frisör."
„Kann ich gut verstehen", sagte Anna und kicherte,
als sich der Frisör mit der Hand über seine Glatze
strich.

Der Mann vom Zirkus freute sich,
als Jan und Anna
mit den Möhren kamen.
Das Pony freute sich auch.

Fünftes Kapitel,

in dem es neue Spuren gibt und alles gut wird

Als Jan und Anna nach Hause kamen, lief ihnen Flo aufgeregt entgegen.

„Ich hab ihn gesehen!", rief er. „Er war es wirklich! Er hatte jede Menge Pakete dabei und einen kleinen Hund an der Leine."

„Und wie kommst du darauf, dass er der echte Weihnachtsmann war?", fragte Jan.

„Weil er eine grüne Hose anhatte und keine rote Mütze auf. Ist doch klar, er hat sich getarnt, damit ihn nicht gleich jeder erkennt."

„Klar", sagte Jan und warf Anna einen Blick zu. Sie wussten beide, dass Flo sich schon lange einen kleinen Hund wünschte. Aber genauso klar war, dass der Mann, den Flo gesehen hatte, ganz bestimmt nicht der Weihnachtsmann war. Sondern einfach nur ein Mann, der seinen Hund spazieren geführt hatte.

„Aber der Hund
hatte eine rot-weiße Leine!",
rief Flo.
Dann sagte er nichts mehr.

„Dreiundzwanzig Weihnachtsmänner haben wir überprüft. Mir reicht es. Ich gebe auf", sagte Anna beim Mittagessen.

Jan nickte.

„Vielleicht will der richtige Weihnachtsmann einfach nicht, dass man ihn findet. Weil er Angst hat, dass er sonst bei allen Leuten Tee trinken und Plätzchen essen muss. Und dann würde er natürlich nie fertig werden, und keiner würde ein Geschenk kriegen."

Plötzlich lachte Flo laut los. „Dreiundzwanzig? Dann fehlt uns noch einer! Ist doch logisch! Heiligabend ist am vierundzwanzigsten Dezember und nicht am dreiundzwanzigsten, richtig?"

„Ja, und?", fragte Jan.

„Wetten?", rief Flo.
„Wir brauchen nur noch
einen Weihnachtsmann!
Und der ist es dann!"

„Vielleicht hat Flo Recht", meinte Papa.
Und weil Mama und Papa am Nachmittag frei-
hatten, beschlossen sie, alle zusammen noch mal auf
den Weihnachtsmarkt zu gehen und nach dem
vierundzwanzigsten Weihnachtsmann zu suchen.
Aber alle Weihnachtsmänner, die sie sahen, kannten
sie inzwischen schon. Den langen Dünnen, der
seinen Schlitten selber zog, den mit der Hupe, den
mit der triefenden Nase und schließlich sogar den,
den Jan ganz zu Anfang schlafend im Schaufenster
entdeckt hatte. Diesmal saß er in dem Feuerwehr-
wagen auf dem Kinderkarussell – und schlief! Nur
der Mann vom Zirkus mit dem Pony war nicht da.
„Schade", sagte Mama. „Sonst hätten wir ihn fragen
können, wann es eine Vorstellung gibt. Ich wäre
gern mal wieder in den Zirkus gegangen."

Jan grinste.

Anna zwinkerte ihm zu.

Flo kicherte.

Als sie abends im Bett lagen, musste Flo weinen,
weil sie den vierundzwanzigsten Weihnachtsmann
nicht gefunden hatten.
Jan tröstete ihn.
„Wenigstens haben wir eine echte Weihnachts-
überraschung für Mama und Papa! Die werden
staunen, wenn wir sie in den Zirkus einladen!"
„Glaube ich auch", flüsterte Anna.

Flo hörte auf zu schluchzen. „Es wird bestimmt
voll", schniefte er. „Ich habe auch im Kindergarten
Bescheid gesagt, dass alle kommen sollen."
„Herr Sommerfeld kommt auch", sagte Anna. „Weil
wir für ihn Schnee geschippt haben. Und er schreibt
einen Artikel für die Zeitung über den Zirkus!
Damit noch mehr Leute helfen."

„Ich glaube,
der Zirkus ist gerettet",
sagte Jan.
Aber Flo schlief schon.

Am nächsten Morgen verpackten Jan, Anna und Flo
die Geschenke für Mama und Papa. Beide bekamen
einen Gutschein, auf dem groß stand:
1 ZIRKUSBESUCH. BEZAHLT VON JAN,
ANNA UND FLO.
Und zu den Gutscheinen malten sie jeder noch ein
Bild. Auf Jans Bild waren drei Clowns, die als
Weihnachtsmänner verkleidet waren.
Anna malte ein Zirkuspony, das ein Rentiergeweih
auf dem Kopf hatte und einen Schlitten mit
Geschenken durch die Manege zog.
Und Flo malte einen Zirkusdirektor, der gerade eine
schwierige Dressur vorführte. Er hielt einen
brennenden Reifen in der Hand.

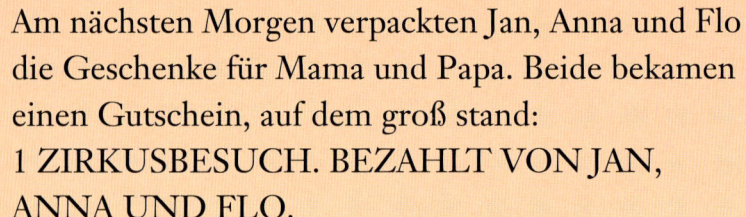

Ein kleiner Hund
mit einer roten Mütze
sprang durch die Flammen.

Als sie die Geschenke verpackt hatten, rannten sie raus und bauten einen großen Schneemann. Der Schneemann sah ziemlich gut aus. Mit einer Möhre als Nase und einem alten Kochtopf auf dem Kopf. Zum Schluss hatte Jan noch eine Idee. Erst klappte es nicht so richtig, aber als sie einen Besen als Stütze nahmen, schafften sie es, einen Arm an den Schnee-mann zu bauen. Der Arm zeigte genau auf ihre Haustür.

„Falls der echte Weihnachtsmann
doch noch kommt",
erklärte Jan.
„Dann weiß er gleich,
wo er hinmuss."

Inzwischen war der Nachmittag schon fast wieder vorbei. Und Jan, Anna und Flo mussten sich umziehen, um rechtzeitig in die Kirche zu kommen. Papa blieb zu Hause, weil er das Essen vorbereiten wollte. Die Kirchenglocken fingen an zu läuten. Zusammen mit Mama machten sie sich auf den Weg.

In der Kirche war es sehr voll. Aber alle Leute waren fröhlich und wünschten sich frohe Weihnachten.

Der Pfarrer erzählte die Weihnachtsgeschichte, wie Maria und Josef nach einer Bleibe für die Nacht suchten und schließlich nur einen Stall fanden, in dem das kleine Jesuskind dann geboren wurde. Jan fand die Geschichte schön, aber auch ein bisschen traurig.

Als sie aus der Kirche kamen, leuchtete hoch oben am Himmel ein einsamer Stern.

„Das ist der Weihnachtsstern",
sagte Mama.
„Er leuchtet heller
als alle anderen."

Jan dachte, dass sie ziemlich viel Glück hatten.
Vielleicht kam der Weihnachtsmann ja doch noch.
Vielleicht hatten auch Mama und Papa ein paar
Geschenke für sie besorgt. Aber auf jeden Fall
hatten sie ein gemütliches Haus und brauchten
nicht zu frieren. Und morgen würden sie alle
zusammen in den Zirkus gehen. Jan lächelte.
Schon von weitem sahen sie den Schneemann
unter der Laterne vor ihrem Haus. Aber etwas
war anders: Der Schneemann hatte einen dicken
Schal um den Hals! Und dann sahen sie die
Spuren auf dem Fußweg.
„Das sind Schlittenspuren!", rief Flo.
Anna bückte sich.
„Und hier sind Abdrücke von Hufen!"
Am Zaun hing ein Stofffetzen. Wie von einem Sack.
Und im Schnee glitzerten silberne Fäden.
Mama schloss die Haustür auf.

Papa stand im Flur.
Auf dem Teppich
waren nasse Abdrücke
von großen Stiefeln.

77

„Ich weiß auch nicht, was los ist", sagte Papa. „Ich war in der Küche, und plötzlich habe ich ein lautes Poltern gehört. Aber als ich nachgesehen habe, war niemand da. Nur die Tür stand offen, und überall lagen Schneeklumpen."

„Hast du auch im Wohnzimmer geguckt?", rief Flo. „Nein, wieso?"

Jan, Anna und Flo rannten ins Wohnzimmer. Da stand ihr Weihnachtsbaum, die Kerzen brannten, und vor dem Baum lagen Pakete mit Geschenken!

„Das gibt's doch nicht", sagte Papa und staunte.

„Ich glaube, wir hatten Besuch", lachte Mama.

„Er war da!", jubelten Jan und Anna. „Der Weihnachtsmann war hier!"

„Ich hab's doch gewusst", flüsterte Flo.

Sie waren so aufgeregt, dass sie unmöglich noch warten konnten, und packten die Geschenke gleich aus! Und sie bekamen jeder genau das, was sie sich schon lange gewünscht hatten.

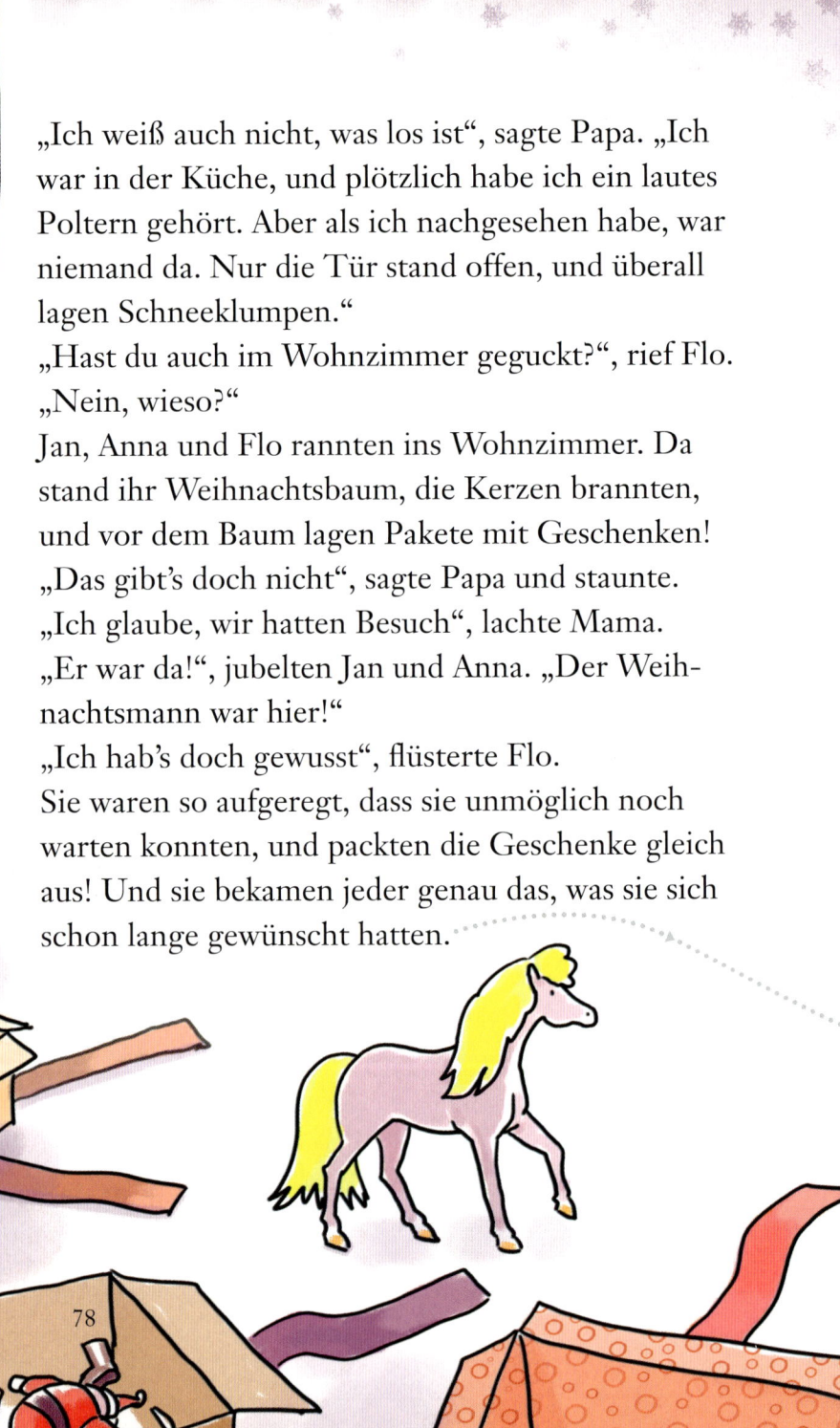

„Es gibt ihn also doch",
dachte Jan.
„Er kommt ganz heimlich.
Und er kennt jeden Wunsch!"

Wolfram Hänel

geboren 1956, arbeitete als Plakatmaler, Theaterfotograf, Studienreferendar, Spiele-Erfinder und Dramaturg, bevor er sich 1987 ganz aufs Schreiben verlegte. Wolfram Hänel hat schon so viele Weihnachtsbücher geschrieben, dass ihn der Weihnachtsmann 2008 zu seinem persönlichen Haus- und Hofautoren ernannt hat.

Markus Grolik

wurde 1965 geboren. Nach einer Ausbildung zum Modegrafiker studierte er Kunsterziehung in München. Er hat schon viele Kinderbücher illustriert und auch selbst welche geschrieben – und malt am allerallerliebsten Weihnachtsmänner.

Liebe Eltern, liebe Lesepatinnen und -paten,

die Buchreihe **Zu zweit leichter lesen lernen** bietet Leseanfängern
spannende Geschichten, die sie mit Ihrer Hilfe – zumindest teilweise –
schon selbst bewältigen.

An Ihrer Seite merken die Kinder, dass sie schon ganz schön viel
verstehend lesen können. Das macht ihnen Spaß und motiviert sie,
zuversichtlich weiterzulernen.

Wenn Sie sich links neben das Kind setzen, kann das Buch einfach
zwischen Ihnen und dem Kind liegen bleiben. Während Sie jeweils
die linke Seite vorlesen, kann das Kind die Bilder betrachten und dann
nach Ihnen die rechte Seite vorlesen.

So wird mit **Zu zweit leichter lesen lernen** eine ruhige Lesesituation
geschaffen. Ihr Kind kann sich besser konzentrieren und das laut
Vorgelesene auch besser verstehen.

Das Prinzip ist ganz einfach: Geübte Leser und Leseanfänger lesen ein-
ander vor. **Zu zweit leichter lesen lernen** – mit doppeltem Vergnügen!

Theo Kaufmann
Seminarschulrat
1. Vorsitzender des Vereins für Leseförderung e.V.
Mitglied im Bundesverband Leseförderung

1 2 3 4 5   13 12 11
Copyright © by Carlsen Verlag GmbH, Hamburg 2011
Umschlag- und Innenillustrationen: Markus Grolik
Umschlaggestaltung: init, Bielefeld
Lektorat: Claudia Scharf • Herstellung: Steffen Meier und Constanze Hinz
Lithografie: Buss & Gatermann GmbH & Co., Hamburg
Druck und Bindung: Gruppo Editoriale Zanardi, Italy
ISBN 978-3-551-65157-0
Printed in Italy
Alle Bücher im Internet unter www.carlsen.de

Wollt ihr noch mehr **Zu zweit leichter lesen lernen**?
Dann probiert's doch mal mit den „Piraten vom Dach"! Drei
verwegene Seeräuber landen mitten im Sturm auf Roberts Dach.
Doch zum Glück sind sie so klitzeklein, dass sie niemandem
etwas anhaben können …

Die Schrecken der Dachrinne

Robert wachte mitten in der Nacht auf. Es donnerte. Blitze zuckten über seinem Dachfenster. Der Regen prasselte auf die Scheibe.
Robert drehte sich um. Er zog die Bettdecke über den Kopf. Da krachte etwas. Robert saß sofort kerzengerade im Bett. Was war das gewesen? Ein Stück vom Schornstein? Oder blies der Sturm die Dachziegel vom Dach? Er sah nach draußen. In der schwarzen Nacht konnte er nichts erkennen. Aber er hörte Stimmen! Oder hatte er alles nur geträumt?
„Alle Mann nach achtern! Segel reffen! Reffen hab ich gerufen! Rafft ihr das nicht? Schneller, schneller, wir treiben ab!"
Der klitzekleine Piratenkapitän Johann van de Veilchen hatte alle Hände voll zu tun. Denn er und seine Mannschaft waren mitsamt ihrem Piratenschiff in diesen Sturm geraten.
Johann van de Veilchen war der kleinste Kapitän d sieben Weltmeere, aber er hatte die größte Klapp Sein Schiff hieß „Feuerfloh" und war so lang und breit wie eine Kokosnussschale. Auch van de Veil chens Mannschaft war klein:

6

Außer dem Käpten
gab es nur noch den Koch Spuhn
und Sina die See-Fahrerin an Bord.
Und jeder der drei Piraten
war gerade mal so lang
wie ein halber Bleistift.

Sie hielt sich die Flasche vors Gesicht und spähte mit einem Auge hinein. Plötzlich zischte ein grüner Blitz durch den Flaschenhals direkt auf Nele zu. „Igitt! Ein ekliger Riesenkäfer!" Vor Schreck landete Nele auf dem Po. Sie hasste alles, was krabbelte und brummte.

Der Riesenkäfer surrte einmal um Neles Kopf herum. Dann ließ er sich auf ihrem Knie nieder. „Mama!", krächzte Nele. „Hilfe!" Aber Mama hörte sie nicht.

Da ertönte ein helles Stimmchen. Es klang ziemlich ärgerlich. „Ich bin kein Käfer, du Dussel! Ist das klar?"

Nele sah genauer hin. Auf ihrem Knie saß ein kleines Wesen mit grünen Haaren, die in alle Richtungen abstanden. Es trug ein tannengrünes Kleid, winzige flaschengrüne Schuhe und hatte zwei hellgrüne Flügel auf dem Rücken.

„W…w…wer bist du denn?", stammelte Nele.

Das Wesen reckte sich stolz. „Ich bin Fiorella, die Flaschenfee. Und du hast mich soeben befreit. Jetzt darfst du dir was wünschen."

16

Fiorella zog
einen Zauberstab hervor.
Er sah aus wie ein Zweig,
der mit Moos bewachsen war.
„Was ist? Kann's losgehen?"

Wollt ihr noch mehr **Zu zweit leichter lesen lernen**?
Dann probiert's doch mal mit einem Karo-Abenteuer! In „Karo und die kleine Ziege" muss Karo eine Ziege finden, die plötzlich verschwunden ist. Vielleicht haben ja die drei fremden Ferienkinder etwas mit der Sache zu tun?

„Komm, Beckmann! Wir beide gehen noch mal Gassi", erbarmt sich Opa, holt die Hundeleine und zieht mit ihm los zum Hundestrand. Da darf Beckmann auch ohne Leine herumtollen.

Um das Baumhaus herum ist jetzt alles ruhig. Der Mond ist zu sehen. Nur in der Ferne sind leise die Kühe zu hören.
„Kannst du schon schlafen, Karo?", fragt Eddi nach einer Weile.
„Nein, ich muss immer an die kleine Ziege denken. Und an die Sachen, die sonst noch so passiert sind", antwortet Karo.
„Geht mir genauso", flüstert Eddi. „Das können doch nicht nur Zufälle sein! Vielleicht schleicht hier ein dicker Bär herum, der die Ziege gefressen hat."
Er setzt sich auf und sucht nach seiner Taschenlampe.
„Quatsch, hier gibt's doch keine Bären – höchstens Erdbeeren!", kichert Karo.

In diesem Moment raschelt
und knackt es
unter dem Baumhaus.
Karo und Eddi bekommen vor Schreck
große Augen.
Das sieht aber keiner,
weil es ja dunkel ist.
Den beiden bleibt fast das Herz stehen.

35

Zu zweit leichter lesen lernen

Jede Menge Lesespaß für zwei!

ISBN 978-3-551-65151-8

ISBN 978-3-551-65152-5

ISBN 978-3-551-65153-2

ISBN 978-3-551-65154-9

ISBN 978-3-551-65155-6

ISBN 978-3-551-65156-3

Jeder Band: 96 Seiten, gebunden, nur € (D) 7,95 / € (A) 8,20